SZCZECIN

fotografie / fotos / photographs / photographies
GRZEGORZ CZARNECKI

tekst / text / text / texte
Andrzej W. Feliński

publisher's · szczecin · 2000

SZCZECIN 2000

ISBN 83-912185-3-8

Tłumaczenie na język niemiecki: mgr Monika Borek-Lemirska
Tłumaczenie na język angielski: TAURUS - tel.: 485 65 30
Tłumaczenie na język francuski: dr Beata Kędzia-Klebeko

Fotolitografia: SOFT VISION
Druk bez oprawy: MAG ART

PUBLISHER'S
ul. Mickiewicza 30-32
70-386 Szczecin
tel. 0 501 042 830
tel./fax: +48 91 484 15 92
e-mail: publi@macsimum.com.pl

Wstęp

Historię Szczecina można podzielić na kilka ważnych etapów.
Okres średniowiecza wiązał się z powstaniem osady słowiańskiej w 2 połowie
VII wieku. Napływ kolonistów niemieckich miał istotny wpływ na stale
rozwijający się terytorialnie i gospodarczo ośrodek miejski. Przypieczętowaniem
rozwoju było nadanie Szczecinowi praw miejskich w 1243 roku. Do czasu
śmierci ostatniego z dynastii Gryfitów trwała rywalizacja rady miejskiej i książąt
o prymat decydowania w sprawach miasta. W okresie panowania szwedzkiego
(lata 1648-1720) Szczecin stał się areną niszczących go konfliktów zbrojnych.
Czasy pruskie - to kontynuacja rozpoczętego wcześniej procesu przekształcania
miasta w twierdzę. Wiek XIX - to intensywne przemiany gospodarcze.
Przekształceniu uległ też układ przestrzenny Szczecina. II wojna światowa była
przełomowym momentem w historii miasta. Nastąpiła prawie całkowita wymiana
ludności. Radykalnej zmianie uległa też sytuacja polityczna.
Położenie Szczecina na skrzyżowaniu europejskich szlaków wodnych i lądowych
miało niebagatelne znaczenie dla funkcjonowania miasta od jego zarania. Ścierały
się tu niejednokrotnie polityczne i gospodarcze interesy mocarstw europejskich.
W swej historii Szczecin był swoistą "małą ojczyzną" dla ludzi wielu narodowości.
Ślady bytności na tym terenie słowiańskich Pomorzan, Holendrów, Szwedów,
Niemców, Francuzów i Polaków można odnaleźć pośród ulic i placów Szczecina.
Dzisiejszy Szczecin dąży do wykorzystania swego położenia dla celów związanych
z rozwojem miasta. Szansy na realizację tej idei upatruje się w szerokiej współpracy
z innymi miastami wybrzeża Bałtyku.

Einleitung

Die Geschichte Szczecins kann man in einige wichtige Etappen teilen. Die Zeit des Mittelalters war mit der Entstehung einer Slawensiedlung in der 2. Hälfte des VII. Jahrhunderts verbunden. Die Welle deutscher Siedler hatte einen wesentlichen Einfluß auf das sich räumlich und wirtschaftlich entwickelnde Stadtzentrum. Eine Krönung dieser Änderungen war die Verleihung von Stadtrechten der Stadt Szczecin im Jahre 1243. Bis zum Zeitpunkt des Todes des Letzten aus dem Greifengeschlecht dauerte der Kampf des Stadtrates und der Fürsten um die entscheidende Stimme bei Entscheidungen über Stadtangelegenheiten. Während der schwedischen Regierung (1649-1720) wurde Szczecin der Platz die Stadt vernichtender Waffenkonflikte. Die preußischen Zeiten waren eine Fortsetzung des früher begonnenen Prozesses der Stadtumwandlung zu einer Festung. Das XIX. Jahrhundert war die Zeit intensiver wirtschaftlicher Veränderungen. Auch das räumliche System Szczecins wurde geändert. Der II. Weltkrieg war ein Bruchmoment in der Stadtgeschichte. Fast die ganze Bevölkerung wurde ausgetauscht. Auch die politische Situation änderte sich radikal. Die Lage Szczecins an der Kreuzung europäischer Wasser- und Festlandstraßen hatte seit der Entstehung der Stadt eine große Bedeutung für ihr Funktionieren. Die Stadt war mehrere Male eine Arena, auf der sich politische und wirtschaftliche Interessen europäischer Großmächte hart aufeinderprallten.
Szczecin war eine gewiße Heimat für Menschen verschiedener Nationalitäten. In Straßen und auf Plätzen Szczecins kann man Anwesenheitsspuren der slawischen Pommer, Holländer, Schweden, Deutschen, Franzosen und Polen in diesem Gebiet finden. Das heutige Szczecin strebt nach der Ausnutzung seiner Lage zu mit der Stadtentwicklung verbundenen Zwecken. Chancen auf ihre Realisierung sieht die Stadt in einer breiten Zusammenarbeit mit anderen, an der Ostsee gelegenen Städten.

Introduction

The history of Szczecin may be divided into a few distinctive periods, to begin with Middle Ages, when a Slavic settlement appeared here in the second half of the 7th century. The influx of German settlers had a significant influence on the continuous economic and territorial development of the town. These changes were sealed in 1243 when Szczecin was granted the municipal rights. The rivalry between the city council and the Gryfite dynasty dukes to have a deciding voice in ruling the city had lasted until the end of the dynasty. During the Swedish reign in 1648-1720 Szczecin became a place of numerous, destructive armed conflicts. Continuing an earlier initiated process, the Prussian rulers carried on with a transformation of the city into a fortress. The 19th century witnessed dynamic economic transformations of the city, and the deep changes in its layout. The historic watershed for Szczecin came as a result of World War II, when it was given to Poland with whole Pomerania, and almost total exchange of city population resulted. The historic watershed for Szczecin came as a result of World War II with almost total exchange of city population. Political situation changed radically as well.

The location of Szczecin at the crossroads of European land tracts and waterways has always had a significant impact on the city life. More often than not the city was an arena of conflicts between political and economic interests of European powers. In its history, Szczecin used to be "a small fatherland" for people of many nationalities - its streets and squares bear many traces left by Slavic Pomeranians, Dutch, Swedish, Germans, French and Polish. Today, Szczecin strives for exploiting its favourable location in a way beneficial to the development of the city. The opportunities for pursuing this goal are seen in a broad co-operation with other Baltic coast cities.

Préface

L'histoire de la ville de Szczecin fut marquée par des étapes importantes. La fondation de la cité slave, dans la deuxième moitié du VIIe siècle, reste la caractéristique essentielle de la période du Moyen Age. L'afflux de colons allemands contribua considérablement à l'expansion territoriale et à l'essor économique de ce centre urbain. L'attribution à la ville de Szczecin des droits urbains en 1243 fut le trait fondamental des changements. Une rivalité entre le conseil municipal et les princes perdura jusqu'à la mort du dernier Prince de la dynastie de Gryfit; l'enjeux étant la primauté de décision sur la ville. La ville de Szczecin sous la domination de la Suède (1648-1720), fut le théâtre de conflits de guerre dévastateurs. La Prusse, à laquelle Szczecin échut, continua à transformer la ville en une forteresse. Le XIXe siècle fut la période des changements économiques intenses. La ville s'urbanisait rapidement. La II guerre mondiale se marqua comme moment décisif dans l'histoire de la ville. La composition de la population changea presque en totalité. La situation politique devint radicalement différente.

La disposition de la ville de Szczecin au carrefour de grands axes routiers et aquatiques européens joua un rôle considérable dès le début de sa fondation. La ville fut souvent le théâtre des revendications des intérêts de grandes puissances européennes. Toujours, la ville de Szczecin accueillait en tant que "petite patrie" les représentants de différentes nationalités. Dans les rues et les places de Szczecin, on peut trouver des traces de passage de peuples slaves, de Poméraniens, de Hollandais, de Suédois, d'Allemands, de Français et de Polonais. Les autorités de la ville de Szczecin tendent aujourd'hui à exploiter sa disposition géographique et à assurer l'essor économique. Cette perspective peut se réaliser grâce à une coopération développée avec d'autres villes situées sur la Baltique.

Grzegorz Czarnecki
Andrzej W. Feliński

Panorama miasta od strony ulicy Zapadłej

Das Stadtpanorama von der Seite der Zapadła Straße

City skyline seen from ul. Zapadła

Le panorama sur la ville, vu de la rue Zapadła

W latach 1875-79, w nowej dzielnicy miasta położonej między Placem Batorego a Starym Miastem, została wybudowana nowa siedziba stale rozbudowującej się administracji miejskiej. Ceglany, neogotycki gmach Czerwonego Ratusza został zaprojektowany przez architekta Konrada Kruhla.

In den Jahren 1875-1879 wurde in dem neuen Stadtteil zwischen dem   lac Batorego und der Altstadt eine neuer Sitz der sich ununterbrochen wieder entwickelnden Stadtverwaltung errichtet. Das neugotische Ziegelgebäude des Roten Rathauses wurde von dem Architekten Konrad Kruhl projektiert.

A new residence for continuously expanding municipal administration was built in 1875-1879 in a new quarter between the Old City and today's Plac Batorego. The neo-Gothic Red Town Hall was made of bricks to the design by an architect Konrad Kruhl.

Dans les années 1875-79, dans un nouveau quartier de la ville, entre la Place de Batory et la Vielle Ville, l'administration municipale, toujours accroissant, fit bâtir son nouveau siège. Le bâtiment en brique de l'Hôtel de Ville Rouge (Czerwony Ratusz), construit dans le style néogothique, fut conçu par l'architecte Konrad Kruhl.

W pobliżu Czerwonego Ratusza stoi dziś kamienna fontanna zwieńczona kotwicą. Znajduje się ona dokładnie tam, gdzie od końca XIX wieku do 1945 roku stał pomnik Sediny - alegorii potęgi morskiej Szczecina. Niemiecka nazwa fontanny to Manzelbrunnen - od nazwiska autora rzeźby Ludwika Manzel'a.

In der Nähe des Roten Rathauses steht heute ein Steinspringbrunnen mit einem Anker. Er befindet sich genau an der Stelle, wo vom Ende des XIX. Jahrhunderts bis 1945 das Sedina-Denkmal - eine Alegorie der Seemacht Szczecins stand. Die deutsche Bezeichnung des Springbrunnens lautet Manzelbrunnen und stammt vom Familiennamen des Skulpturautors Ludwik Manzel.

A stone fountain with an anchor stands nowadays near a Red Town Hall.
A monument of Sedina, an allegory of the maritime character of the city, used to stand at this location since the end of 19th century until 1945.
Called Manzelbrunnen in German, it commemorated its author, Ludwig Manzel.

Aux alentours de l'Hôtel de Ville Rouge (Czerwony Ratusz) se trouve aujourd'hui une fontaine en pierre couronnée d'ancre. Elle se trouve exactement là où dès la fin du XIX siècle, s'élevait le monument de Sedina étant une allégorie de la puissance maritime de la ville de Szczecin. En allemand, la fontaine s'appela : Manzelbrunnen, du nom du créateur de la sculpture Ludvic Manzel.

Drugą, obok Bramy Królewskiej, pamiątką po istniejącym do 2 połowy XIX wieku systemie fortyfikacji miejskich jest Brama Portowa. Pierwotnie zwana była Berlińską. W latach 1904-1932 stała przed nią fontanna przedstawiająca nagą Amfitrytę (żonę Posejdona) w powozie z muszli. Usunięto ją stamtąd jako nieodpowiednią dla powagi miejsca.

Das zweite Andenken an das bis zur 2. Hälfte des XIX. Jahrhunderts bestehende Stadtbefestigungsystem war das Hafentor. Ursprünglich wurde es als Berliner Tor bezeichnet. In den Jahren von 1904 bis 1932 stand ein Springbrunnen mit einer Darstellung der nackten Amphitrite (die Ehefrau von Poseidon) in einem Muschelwagen vor dem Tor. Er wurde aber entfernt, weil man ihn für nicht ernst genug für diese Lage hielt.

The Port Gate, originally called a Berlin Gate, is another remnant of a 19th century city's fortification system. A fountain presenting naked Amphitryte (Poseidon's wife) in a carriage of shells stood here from 1904 to 1932, but was later removed as inappropriate for the prestige of the place.

Le deuxième, outre le Portail Royal, vestige du système de fortification existant jusqu'à la deuxième moitié du XIXe s. est le Portail de Port (Brama Portowa). A l'origine, il prit le nom dePortail de Berlin. Entre 1904 et 1932, une fontaine représentant Amphitrite nue (femme de Poséidon) qui siégea dans un véhicule en coquille fut établie devant le Portail. La fontaine fut enlevée comme portant l'attentat au caractère solennel de l'endroit.

Tuż za Bramą Portową, na skwerze, stoi popiersie polskiego poety Kornela Ujejskiego. Zostało ono tam ustawione w 1956 roku, po sprowadzeniu ze Lwowa. Brązowy odlew, wykonany w 1901 roku, jest dziełem rzeźbiarza Antoniego Popiela.

Gleich hinter dem Hafentor (Berliner Tor) steht auf einer Grünanlage die Büste des polnischen Dichters Kornel Ujejski. Sie wurde dort 1956 aufgestellt, nachdem sie aus Lwów gebracht worden war. Der Bronozeabguß wurde im Jahre 1901 ausgeführt und ist ein Werk von dem Bildhauer Antoni Popiel.

The monument of Polish poet Kornel Ujejski stands on a square just behind the Port Gate. It was unveiled here in 1956 after being brought from Lvov. The casting in bronze was made in 1901 by a sculptor Antoni Popiel.

Derrière le Portail de Port, sur la place, s'érige le buste du poète polonais Kornel Ujejski. Le monument posthume y fut mis en 1956, après avoir fait un voyage de Lvov. La pièce coulée en bronze, réalisée en 1901, fut l'oeuvre d'un sculpteur célèbre Antoni Popiel.

Na początku XX wieku dotychczasowa świątynia garnizonu (św. Jana Ewangelisty) przestała spełniać stawiane przed nią wymagania. Ze względu na pogarszający się jej stan techniczny podjęto decyzję o budowie nowego kościoła garnizonowego. Inwestycja rozpoczęła się w roku 1913 i trwała do 1919 r. Unikalność nowego kościoła polegała na tym, że był jedną z najwcześniejszych budowli betonowych na terenie Niemiec.

Anfang des XX. Jahrhunderts hörte die bisherige Garnisonkirche (St. Johanneskirche) auf an sie gestellte Forderungen zu erfüllen. Wegen des immer schlechter werdenden technischen Zustandes der Kirche wurde die Entscheidung über den Bau einer neuen Garnisonkirche getroffen. Die Investition wurde 1913 angefangen und dauerte bis 1919. Die Einmaligkeit des Gebäudes beruhte darin, daß es eins der frühesten Betonbauwerke im Gebiet Deutschlands war.

At the beginning of 20th century the existing St. John's the Evangelist garrison church couldn't fulfil the (army) needs anymore. Due to its technical deterioration, a decision to build a new garrison church was made. The construction began in 1913 and processed until 1919. The new church was unique at that time, being one of the first buildings in Germany made of concrete.

Au début du XXe siècle, l'église de garnison actuelle (St Jean Evangéliste) ne répondit plus aux conditions préconisées. Vu l'état technique en dégradation, une décision de construire une nouvelle église de garnison fut prise. L'investissement commença en 1913 et dura jusqu'à 1919. Le caractère unique de la construction provint du fait qu'elle était l'une des premières constructions en béton, édifiée sur le territoire de l'Allemagne.

W 1888 roku, po latach starań, przy obecnej ulicy Bogurodzicy rozpoczęto budowę kościoła pod wezwaniem św. Jana Chrzciciela. Była to pierwsza, po okresie reformacji, świątynia rzymsko-katolicka w Szczecinie. Widoczne na zdjęciu witraże zostały zaprojektowane po II wojnie światowej przez Ostrzołka z Katowic.

Nach vielen Bemühungen wurde der Bau der St. Johanneskirche 1888 in der jetzigen Bogurodzicy Straße angefangen. Es war die erste römisch-katholische Kirche nach der Reformationszeit in Szczecin. Die auf dem Foto dargestellten, bunten Kirchenfenster wurden nach dem II. Weltkrieg von Ostrzołek aus Katowice projektiert.

In 1888, after years of petitions, the construction of St. John the Baptist's church began at the today's ul. Bogurodzicy. It was the first Roman-Catholic church built in Szczecin since Reformation times. The stained glass windows shown in the picture were designed after the World War II by Ostrzołek from Katowice.

En 1888, après des années d'efforts, dans la rue dite aujourd'hui Bogurodzicy, commença la construction de l'Eglise de Saint Jean-Baptiste. Ce fut la première, après la réformation, église catholique et romaine à Szczecin. Les vitraux présentés sur la photographie furent conçus par Ostrzołek de Katowice, après la II guerre mondiale.

Pierwsza wzmianka na temat kościoła św. Jakuba pochodzi z roku 1187. Jego budowa była związana z przybyciem do Szczecina niemieckich kolonistów w XII wieku. Pierwotnie został wzniesiony w formie bazyliki. Po przebudowie stał się jedną z najwyższych świątyń halowych w ówczesnych Niemczech.

Die St. Jacob-Kirche wurde zum ersten Mal im Jahre 1187 erwähnt. Ihr Bau war mit der Ankunft vieler deutscher Siedler nach Szczecin im XII. Jahrhundert verbunden. Sie wurde ursprünglich in Form einer Basilik erbaut. Nach dem Umbau war sie eine der höchsten Hallentempel in dem damaligen Deutschland.

The first reference to St.Jacob's church dates back to 1189. Its construction was initiated as a result of German settlers' migration to Szczecin in the 12th century. Originally, the church was built as a basilica. After a reconstruction, it became one of the largest hall temples in Germany at that time.

La première citation sur l'Eglise de St Jacques date du 1187. L'afflux de colons allemands contribua à sa construction au XIIème s. A l'origine, l'église fut construite sur le plan des basiliques. Après la reconstruction, à l'époque, elle devint l'un des principaux édifices en hémicycle en Allemagne.

Do drugiej połowy XIX wieku pomnik Flory był ozdobą Pałacu Grumbkowa, później ogrodu pałacowego. W 1905 roku odnajdujemy go w Parku Żeromskiego. W latach 90-tych XX wieku, po pracach konserwacyjnych, został ustawiony na skwerze przy Placu Orła Białego.

Bis zur 2. Hälfte des XIX. Jahrhunderts war das Flora-Denkmal eine Verzierung des Palastes von Grumbkow und dann des Palastgartens. 1905 finden wir es in dem Żeromski-Park. In den 90er Jahren des XX. Jahrhunderts wurde es nach durchgeführten Konservationsarbeiten auf einer Grünanlage an dem Plac Orła Białego (Platz des Weißen Adlers) aufgestellt.

Flora Goddess Monument had stood in the Grumbkow Palace until the end of 19th century, having been then transferred to its garden. Since 1905 we could find it in today's Żeromski Park. It was moved again after a renovation in 1990s, this time to Plac Orła Białego (White Eagle Square).

Jusqu'à la deuxième moitié du XIXe siècle, le Monument de la Flore ornait le Palais de Grumbkow et ensuite les jardins du Palais. En 1905, nous retrouvons le Monument dans le Parc de Żeromski. Dans les années 90 du XXe siècle, après des travaux de rénovation, il fut exposé sur le square de la Place de l'Aigle Blanc (Orła Białego).

Rynek Koński to pierwotna nazwa dzisiejszego Placu Orła Białego. Wytyczony w średniowieczu, rangę reprezentacyjnego placu miejskiego zyskał dopiero w czasach pruskich. O jego znaczeniu decydowało bliskie położenie m. in. rezydencji Prezydenta Rejencji Pomorskiej czy siedziby pomorskiego Sejmu Stanów.

"Pferdemarkt" - so lautete der ursprüngliche Name des heutigen Plac Orła Białego (Platz des Weißen Adlers). Er wurde im Mittelalter errichtet und gewann den Rang eines repräsentativen Stadtplatzes erst in den preußischen Zeiten. Über seine Bedeutung entschied die Lage u. a. der Residenz des Präsidenten der Pommerschen Notare und des Sitzes des Pommerschen Parlamentes.

Rynek Koński (The Horse Market) was an original name of today's Plac Orła Białego (White Eagle Square). Established in Middle Ages, it became a grand square of the city in Prussian times. A number of nearby important institutions, including the residence of Pomerania president and Pomeranian House of Estates, contributed to the square's growing prominence.

Le Marché aux Chevaux (Rynek Koński), tel fut le premier nom de la Place de l'Aigle Blanc actuelle (Plac Orła Białego). Son plan fut dessiné au Moyen Age, mais la place fut au rang des places municipales seulement à l'époque prussienne. Son importance résulta, entre autre, de la disposition près de la résidence du Président de la Régence de Poméranie et du siège du Parlement d'Etats de Poméranie.

Fontanna, uruchomiona 15.VIII.1732 roku, stała pierwotnie bliżej dzisiejszego budynku "Polmozbytu". Zagrożona rozbiórką w XIX wieku, została ocalona dzięki staraniom twórcy szczecińskich wodociągów Jamesa Hobrechta. Stojący na szczycie fontanny orzeł stał się po wojnie źródłem polskiej nazwy placu.

Der am 15.08.1732 in Betrieb gesetzte Springbrunnen wurde ursprünglich näher des jetzigen POLMOZBYT-Gebäudes aufgestellt. Als der Abbruch im XIX. ihm drohte, wurde er dank Bemühungen des Schöpfers der Szczeciner Wasserleitung James Hobrecht, gerettet. Der an der Springbrunnenspitze stehende Adler wurde nach dem Kriege der Grund für den polnischen Platznamen.

The fountain, which was erected on 15th August, 1732, originally stood closer to today's building of "Polmozbyt". Threatened with getting pulled down in the 19th century, it was saved thanks to the efforts by the creator of Szczecin waterworks system James Hobrecht. After the WWII, the square was named after the figure of an eagle, resting at the top of a fountain.

La fontaine qui commença à fonctionner le 15. VIII.1732, à l'origine, se trouva près du bâtiment de "Polmozbyt" actuel. La construction menacée de la démolition au XIXe siècle fut préservée, grâce aux efforts du concepteur des réseaux d'eau publics James Hobrecht. L'aigle qui se trouve en haut de la fontaine donne le nom à la Place, après la guerre.

Właścicielem budynku przy ul. Staromłyńskiej 13 był G. Ch. Velthusen - bogaty kupiec, handlujący drewnem i winem. Późniejsze losy jego domu związane są z mieszczącą się tu siedzibą firmy Wolkenhauer (produkującej pianina), a od 1920 roku z Prowincjonalnym Bankiem Pomorskim. Dziś jest to siedziba Zespołu Szkół Muzycznych.

Der Eigentümer dieses Gebäudes in der Staromłyńska Straße 13, G. Ch. Velthusen, ist in der Stadtgeschichte als reicher, mit Wein und Holz handelnder Kaufmann anwesend. Das spätere Schicksal seines Hauses war mit dem dort befindlichen Sitz der Firma Wolkenhauer (die heute Klaviere herstellt) und seit 1920 mit der Pommerschen Provinzbank verbunden. Heute hat dort die Musikschule ihren Sitz.

The owner of this house at ul.Staromłyńska 13, G. Ch. Velthusen, is known in the city history as an affluent merchant, trading wine and wood. The house later became a residence of Wolkenhauer, a piano manufacturing company, and from 1920 it had accommodated the Pomeranian Provincial Bank. Today it houses the Musical Schools.

Le propriétaire du bâtiment rue, Staromłyńska 13, G. CH. Velthusen s'inscrit dans l'histoire de la ville en tant que commerçant très riche, vendant du bois et du vin. Plus tard, sa maison devint, respectivement, le siège de la société Wolkenhauer (fabriquant des pianos), et depuis 1920, celui de la Banque de Poméranie Provinciale. Aujourd'hui, c'est le siège de l'Ecole de Musique.

Z fasady Pałacu Velthusena spoglądają dziś na przechodniów wizerunki słynnych kompozytorów muzyki klasycznej. Zastąpiły one zdobiące budynek przed II wojną światową głowy klasyków filozofii starożytnej - między innymi Sokratesa i Seneki.

Von der Fassade des Palastes von Velthusen aus sehen sich Abbildugen berühmter Schöpfer der klassischen Musik Fußgänger an. Sie ersetzten das Gebäude vor dem II. Weltkrieg verzierende Köpfe der Klassiker der altertümlichen Philosophie - unter anderem Sokrates und Seneka.

Reliefs of famous classical composers look down on passers-by from the facade of Velthusen Palace. They replaced the heads of ancient philosophers including Seneca and Socrates, which decorated the building before the World War II.

De la façade du Palais de Velthusen, les têtes de célèbres compositeurs de musique classique regardent les gens passer. Elles remplacent les têtes de philosophes antiques, entre autre celles de Socrate et de Sénèque, qui décorèrent le bâtiment avant la II guerre mondiale.

Prezentowany na zdjęciu zespół budynków mieścił w przeszłości m. in.: rezydencję generalnego zastępcy komendanta miasta, koszary i kasyno wojskowe. Po odbudowie, w latach 1975-77, stał się siedzibą Galerii Sztuki Współczesnej Muzeum Narodowego i Klubu "13 Muz". Fasadę budynków zdobią dziś popiersia zasłużonych dla kultury szczecinian.

In dem auf dem Bild präsentierten Gebäudekomplex befanden sich in der Vergangenheit unter anderem: die Residenz des Generalstellvertreters des Stadtkommandanten, eine Kaserne und ein Soldatenkasino. Nach dem Aufbau in den Jahren 1975-1977 wurde er zum Sitz der Galerie für Moderne Kunst des Nationalmuseums und des 13-Musen-Klubs. Die Gebäudefassaden verzieren heute Büsten der für die Kultur bedeutenden Szczeciner.

The complex of buildings presented in the photograph used to serve as the residence of general deputy of city commander, army barracks, a mess hall, and for other purposes. After a reconstruction in 1975-1977, it became a residence of Modern Art Gallery of National Museum and a "Thirteen Muses" club. The facade of the buildings now features the busts of Szczecin citizens who have earned their merit in arts.

Dans l'ensemble des bâtiments visibles sur la photo, se trouvèrent autrefois : une résidence du vice commandant général en chef de la ville, une caserne et un casino militaire. Après la reconstruction dans les années 1975-77, le bâtiment devient le siège de la Gallérie d'Art Moderne du Musée Nationale et du Club de "13 Muses". La façade est décorée aujourd'hui de bustes de personnalités reconnues pour la culture de la ville de Szczecin.

Budynek przy dzisiejszej ul. Staromłyńskiej 27 został wzniesiony w 1 połowie XVIII wieku. Pierwotnie był siedzibą Sejmu Stanów pruskiej części Pomorza. W późniejszym czasie służył Pomorskiemu Związkowi Prowincjonalnemu (XIX/XX w.) i od 1928 roku Pomorskiemu Muzeum Krajowemu. Po 1945 roku jest to gmach Muzeum Narodowego.

Das Gebäude in der heutigen Staromłyńska Straße 27 wurde in der 1. Hälfte des VIII. Jahrhunderts gebaut. Ursprünglich war es der Sitz des Parlamentes des preußischen Pommernteils. In der späteren Zeit diente es zuerst dem Pommerschen Provinzverband (XIX./XX.) und seit 1928 dem Pommerschen Inländischen Museum. Seit dem Jahre 1945 ist es der Sitz des Nationalmuseums.

The building at today's ul. Staromłyńska 27 was built in the first half of 18th century. Originally it served the Prussians as a residence of a Pomeranian House of Estates. Later, it housed, in turns, the Pomeranian Provincial Association (19th/20th century), the Pomeranian Museum (from 1928), and since 1945 the National Museum.

Le bâtiment, près de la rue, Staromłyńska 27 actuelle, fut édifié dans la première moitié du XVIIIe siècle. D'abord, il fut le siège du Parlement d'Etats de la Poméranie de Prusse. Ultérieurement, il servit successivement au Syndicat Provinciale de Poméranie (XIXe/XXe siècles) et à partir de 1928 au Musée National de Poméranie (Pomorskie Muzeum Krajowe). Depuis 1945, l'immeuble est à la disposition du Musée Nationale.

Jedną z dwóch zachowanych bram dawnej twierdzy szczecińskiej jest Brama Królewska. Została ona zbudowana w latach 1725-28, podczas pruskiej modernizacji twierdzy. Autorem projektu był Holender Gerhard Cornelius van Walrave. Budowla ta zastąpiła średniowieczną Bramę Młyńską, ulokowaną w pobliżu ulicy Staromłyńskiej.

Eins der zwei erhaltenen Tore der ehemaligen Szczeciner Festung ist der Königstor. Es wurde in den Jahren 1725-1728 während der preußischen Festungsmodernisierung gebaut. Der Projektautor war der Holländer Gerhard Cornelius van Walrave. Das Gebäude ersetzte das mittelalterliche Mühlentor, das in der Nähe der Staromłyńska Straße gelegen war.

The Royal Gate is one of the two preserved gates of former Szczecin Fortress. It was built in 1725-1728 when Prussians modernised the fortress, to the design a Dutch architect Gerhard Cornelius van Walrave. It replaced the medieval Mill Gate located near the today's ul.Staromłyńska.

L'un de deux Portails préservés, permettant l'accès à l'ancienne forteresse de Szczecin est le Portail Royal (Brama Królewska). Il fut construit dans les années 1725-28, à l'époque de la modernisation de la forteresse effectuée sous la Prusse. La conception fut donnée par un Hollandais Gerhars Cornelius van Walrawe. La construction remplaça le Portail de Moulin moyenâgeux (Brama Młyńska), situé près de la rue Staromłyńska.

Historia budowy jednego z najstarszych kościołów w mieście (św. Piotra i Pawła) związana jest z przybyciem do Szczecina biskupa Ottona z Bambergu. Położony poza obrębem murów miejskich, pełnił rolę kościoła parafialnego dla mieszkańców Dolnego Wiku i podmiejskich wsi. Drewniany strop kościoła zdobią pochodzące z XVIII wieku wyobrażenia scen Apokalipsy.

Die Geschichte des Baus einer der ältesten Kirchen der Stadt (St. Peter- und Paulkirche) ist mit der Ankunft des Bischofs Otto von Bamberg verbunden. Die außerhalb der Stadtmauer gelegene Kirche erfüllte die Rolle einer Pfarrkirche für die Einwohner von Dolny Wik und in der Nähe der Stadt gelegenen Dörfern. Die Holzdecke der Kirche ist mit aus dem XVIII. Jahrhundert stammenden Abbildungen von Apokalypse-Szenen verziert.

The history of construction of one of the oldest churches in Szczecin (St. Peter and Paul's) is linked with an arrival of bishop Otton from Bamberg. The church was placed outside of city walls and served as a parish church for the inhabitants of Lower Wik and neighbouring villages. Wooden ceiling of the church is decorated with scenes of Apocalypse dating back to 18th century.

L'histoire de la construction de l'une des églises les plus anciennes à Szczecin (St Pierre et Paule) liée à l'arrivée à la ville de l'évêque Otton de Bamberg. L'Eglise fut située en dehors de la muraille municipale. Elle joua le rôle de l'église paroissiale pour les habitants de Dolny Wik et ceux de campagnes avoisinantes. Le plancher en bois de l'Eglise est orné de scènes apocalyptiques datant du XVIIIe siècle.

Ciąg budynków prowadzących wzdłuż ulicy Korsarzy do Zamku Książąt Pomorskich był częścią zabudowań dawnego Pedagogium Książęcego i Kościoła Mariackiego. Niewysokie domy zamieszkiwali początkowo kanonicy Kościoła NMP. W późniejszym czasie ich lokatorami byli profesorowie Pedagogium i kościelni kaznodzieje.

Zum Schloß der Pommerschen Fürsten führende Gebäudereihe entlang der Korsarzy Straße. Sie war ein Teil der Bebauung des alten Fürstenpädagogiums und der Marienkirche. In den kleinen Häusern wohnten anfangs Domkapitulare aus der Marienkirche. Professoren aus dem Pädagogium und Priester waren in der späteren Zeit ihre Bewohner.

A row of terraced houses stretching along ul. Korsarzy (Corsairs' street) to Pomeranian Dukes Castle. It used to be a part of former Dukes' Pedagogium and St.Mary's church. The two-story houses were originally occupied by the clerics of Holy Virgin Mary's church, and at a later time, professors of Pedagogium and church preachers lived in here.

Une suite d'immeubles se dresse au long de la rue Korsarzy vers le Château des Princes de Poméranie. Elle constitue une partie des constructions anciennes, appartenant autrefois au *Pedagogium des Princes* et à l'Eglise Notre Dame. De basses maisons furent d'abord habitées par les chanoines de l'Eglise Notre Dame. Par la suite, les habitants furent des professeurs du *Pedagogium* et des prêtres de l'église.

Ze 117 szczecińskich pomp ulicznych do dnia dzisiejszego zachowało się około 30. Obowiązkowo w kolorze zielonym, wciąż sprawne, są symbolem uruchomionej w 1865 roku miejskiej sieci wodociągowej. Ich lokalizacja wyznacza teren centrum średniowiecznego Starego Miasta i dzielnic powstałych po likwidacji twierdzy.

Von 117 Szczeciner Straßenbrunnen gibt es heute noch circa 30. Ihre Farbe ist pflichtig grün. Sie funktionieren immer noch und sind ein Symbol der im Jahre 1865 in Betrieb gesetzten städtischen Wasserleitung. Ihr Standort entspricht dem Gebiet des Zentrums der mittelalterlichen Altstadt und nach der Liquidation der Festung entstandener Stadtteile.

Only about thirty of Szczecin's a hundred and seventeen street water pumps have survived to this day. All green in colour, they symbolise the city waterworks system, which was put to service in 1865. They are still functioning. Their locations mark the centre of the medieval Old City and the quarters created after the fortress had been pulled down.

Parmi 117 puits publics fonctionnant autrefois en ville, seulement 30 subsistèrent. Tous sont en couleur verte obligatoire. Les puits sont toujours en fonction et d'une façon symbolique rappellent le réseau d'eau public, établi en 1865. Leur disposition est déterminée par le plan moyenâgeux du centre de la Vielle Ville et des quartiers édifiés après la démolition de la forteresse.

Górująca nad zamkiem Wieża Dzwonów zwana jest też Kościelną. Na polecenie króla Fryderyka Wilhelma I została ozdobiona złotą koroną królewską. Umieszczono ją ponad barokowym hełmem wieży. Inną atrakcją jest wiszący tam Dzwon Maryjny - odlany w 1524 roku. Pochodzi prawdopodobnie ze szczecińskiego kościoła św. Piotra i Pawła.

Der über dem Schloß stehende Glockenturm wird auch als Kirchenturm bezeichnet. Im Auftrag des Königs Friedrich Wilhelm I. wurde er mit einer goldenen Königskrone verziert. Er wurde über dem Barockturmhelm placiert. Eine andere Attraktion des Turms ist die dort hängende Marienglocke. Sie wurde 1524 gegossen und stammt wahrscheinlich aus der Szczeciner St. Peter- und Paulkirche.

The Tower of Bells topping the Pomeranian Dukes Castle is also called a Church Tower. By the order of King Frederick Wilhelm I it was decorated with a golden royal crown placed above a baroque cupola of the tower. The other attraction of the tower is the St. Mary's bell, which was cast in 1524, and supposedly comes from the nearby St. Peter and Paul's church.

La Tour de Cloches (Wieża Dzwonów) qui s'érige en haut du Château, porte aussi le nom de Tour d'Eglise. Sur l'ordre du roi Frédéric Guillaume I, elle fut décorée d'une couronne royale en or, placée au-dessus du dôme baroque de la Tour. Une autre attraction de la Tour est la Cloche de Notre Dame. Coulée en 1524, elle provient probablement de l'Eglise de St Pierre et Paule à Szczecin.

Ze szczytu zamkowej Wieży Dzwonów można oglądać Dziedziniec Menniczy. Widać stąd też budynek XVII-to wiecznego skrzydła Zamku, tzw. Muzealnego. Sąsiaduje z nim (przy ulicy Kuśnierskiej) gmach dawnej zimowej ujeżdżalni książęcej. W pewnej odległości od Zamku (prawy, górny róg zdjęcia) widoczny jest dom urodzin przyszłej carycy Katarzyny II.

Von dem Gipfel des Schloßglockenturms aus kann man den Münzenhof sehen. Von hier aus sieht man auch das Gebäude des aus dem XVII. Jahrhundert stammenden Schloßflügels, des s. g. Museumflügels. In der Nachbarschaft (in der Kuśnierska Straße) ist das Haus zu sehen, in dem die künftige Zarin Katharina II. zur Welt kam.

The top of the Tower of Bells opens a view to the Mint Yard and the 17th century wing of the Castle, known as a Museum Wing. The building of former dukes' winter riding stables stands opposite to the wing at the ul.Kuśnierska. In the right upper corner of the picture, in some distance from the castle, you may see the house where Catherine II, tsarina of Russia, was born.

Du haut de la Tour de Cloches, on peut voir La Cour de l'Hôtel de la Monnaie (Dziedziniec Menniczy). On voit aussi le bâtiment faisant partie de l'aile du Château dit de Musée, datant du XVII s. Il avoisine (rue, Kuśnierska) le bâtiment, anciennement exploité par les princes, pour le manège d'hiver. A une certaine distance (en haut, à droite sur la photo) on voit la maison où fut née la future impératrice de Russie : Catherine II.

Łasztownia jest oblewana przez wody Parnicy, Duńczycy, Kanału Zielonego i Wrocławskiego. Od średniowiecza stanowiła dla Szczecina ważne zaplecze, gdzie przeładowywano i magazynowano towary. Nabrzeża odrzańskie w pobliżu Podzamcza były do II wojny światowej miejscem targowym. Cumowały tu statki towarowe i pasażerskie.

Łasztownia wird durch das Wasser aus dem Fluß Parnitz, Dunzig sowie aus dem Grünen und Breslauer Kanal umgeben. Seit dem Mittelalter war sie eine wichtige Basis für Szczecin, wo Waren umgeladen und gelagert wurden. Die Oderufer in der Nähe des Schlosses bildeten bis zum II. Weltkrieg einen Markt. Hier wurden Waren- und Passagierschiffe festgemacht.

The island Łasztownia is surrounded by waters of rivers Parnica and Duńczyca, and canals Wrocławski and Zielony. Since Middle Ages it has been an important backyard of the city, where cargoes were handled and stored. The Odra banks near the Castle hill used to serve as a marketplace before the World War II. Passenger and cargo vessels would also moor there.

L'île de Łasztownia est entourée d'eaux de Parnica, Duńczyca, de Canal Vert et de Wrocław. Depuis le Moyen Age, l'île fut une arrière importante de Szczecin. Ce fut l'endroit de transport et de stockage de marchandises. Les quais de l'Oder, devant le Château (Podzamcze) furent jusqu'à la II guerre mondiale le terrain marchand. Ici amarrèrent les bateaux de marchandises et de passagers.

Widoczna na tle "Nowej Starówki" kamienica była od 2 połowy XV wieku do 1572 roku siedzibą rodziny Loitzów. Z rodu tego wywodzili się bankierzy Książąt Pomorskich a także króla Zygmunta Augusta. Ich siedziba to wspaniały przykład późnogotyckiego budownictwa mieszkalnego. Unikalny styl budowy i zdobienia stanowi doskonałe świadectwo bogactwa i wielkości Loitzów.

Das im Vordergrund der "Neuen Altstadt" sichtbare Bürgerhaus war seit der 2. Hälfte des XV. Jahrhunderts bis zum Jahre 1572 der Sitz der Familie von Loitz. Aus diesem Geschlecht stammten Bankier der Pommerschen Fürsten und des Königs Zygmunt August. Ihr Sitz ist ein hervorragendes Beispiel für das spätgotische Wohnbauwesen. Der einmalige Bau- und Dekorationsstil ist ein wunderschönes Zeugnis des Reichtums und der Größe der Familie von Loitz.

The town house standing against the background of "New Old Town" was owned by Loitz family from the half of 15th century until 1572. The family produced famous bankers of Pomeranian dukes and the Polish king Zygmunt August. This building is an excellent example of late Gothic housing, bearing testimony of Loitz family richness and position with its unique style of construction and adornment.

L'immeuble, visible sur le fond de la "Vielle Ville" reconstruite dernièrement fut, dès la 2e moitié du XVe siècle, le siège de la famille de Loitz. De cette famille provenaient de nombreux banquiers qui travaillaient au service des Princes de Poméranie et du roi Sigismond Auguste. Son siège est un exemple magnifique de l'architecture civile dans le gothique flamboyant. Un style unique de construction et d'ornementation porte témoignage de la richesse et de l'importance de la famille de Loitz.

Muzeum Historii Miasta Szczecina prezentuje dzieje miasta w salach najstarszego szczecińskiego ratusza miejskiego. Jest to jedyna oryginalna budowla zabytkowa Rynku Siennego. Odbudowana po II wojnie światowej (w latach 70-tych), nawiązuje wyglądem do swej średniowiecznej formy.

Das Museum der Geschichte der Stadt Szczecin präsentiert die Stadtgeschichte in den Räumen des ältesten Szczeciner Rathauses. Das ist ein einzigartiges, unter Denkmalschutz stehendes Gebäude des alten Marktes. Aufgebaut nach dem II. Weltkrieg (in den 70er Jahren) erinnert es uns an seine mittelalterliche Form.

City Museum is housed in the rooms of the oldest Szczecin town hall. Its is the only standing building of the old Sienny market, rebuilt in 1970s in the form similar to its original construction.

Le Musée de l'Histoire de la Ville présente l'histoire de la ville de Szczecin dans les salles du plus ancien Hôtel de la Ville. C'est un unique édifice de style originale et monumentale, élevée sur le Marché aux Blés ancien (Rynek Sienny). L'immeuble fut reconstruit après la II guerre mondiale (dans les années 70) et suivit par son aspect représentatif les formes moyenâgeuses.

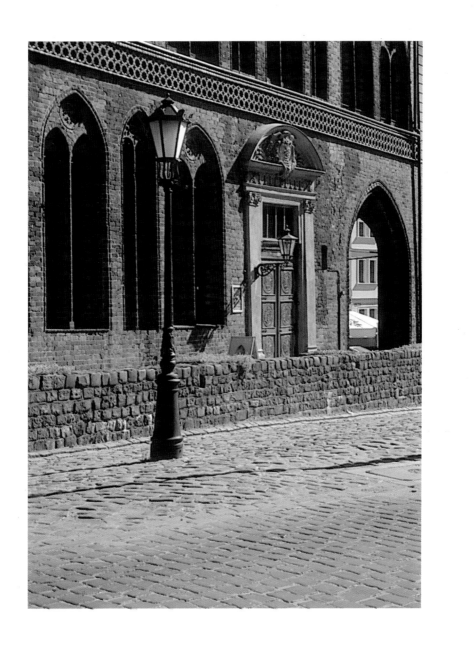

Eksponaty w Muzeum Historii Miasta Szczecina
- Oddziale Muzeum Narodowego

Exponate in dem Museum der Geschichte der Stadt Szczecin - einer Abteilung
des Nationalmuseums

Exhibits in Museum of Szczecin - branch of National Museum

Voici des objets exposés au Musée de l'Histoire de la Ville de Szczecin - section
du Musée National

Między Trasą Zamkową i Mostem Długim rozpościera się na lewym brzegu Odry nowa "Starówka". Zachowując stary układ budynków w kwartałach, stara się ona nawiązywać do historycznego Starego Miasta. W sąsiedztwie kamienic znajdują się widoczne na fotografii Ratusz Staromiejski (na prawo) i kościół św. Jana Ewangelisty (na lewo).

Zwischen der Schloßstraße und der Langen Brücke erstreckt sich am linken Oderufer die "Neue Altstadt". Dank der Erhaltung der alten Gebäudelage erinnert sie uns an die historische Altstadt. In der Nachbarschaft der Bürgerhäuser befinden sich das alte Rathaus (rechts) und die St. Johanneskirche (links), die auf dem Foto dargestellt sind .

On the left bank of Odra river between the Castle Highway and the Long Bridge you may find the "New Old City", the quarters of which follow the layout of the historical Old City. The Old Town Hall (to the right in the picture) and St.John's the Evangelist church (to the left) are located in the vicinity of new town houses.

Entre le Pont de Château (Trasa Zamkowa) et le Pont Long, sur la rive droit de l'Oder, s'étend la "Vielle Ville" moderne. En respectant une ancienne disposition des fondements sur les plans des immeubles dans le quartier, la Vielle Ville se noue d'un lien avec la Vielle Ville d'autrefois. Dans le voisinage, on voit sur la photographie, l'Hôtel de Ville (à droite) et l'Eglise de St Jean-Evangéliste (à gauche).

Wybudowany w XIV wieku kościół św. Jana Ewangelisty należał do przybyłych do Szczecina w 1240 roku franciszkanów. Od czasów szwedzkich (2 poł. XVII w.) do początku XIX wieku pełnił rolę świątyni garnizonu szczecińskiego. Na przełomie XIX i XX wieku, dzięki staraniom historyka Hugo Lemcke'go, został uratowany przed grożącą mu rozbiórką.

Die im XIV. Jahrhundert erbaute St.-Johanneskirche gehörte zu im Jahre 1240 nach Szczecin angekommenen Franziskanern. Von den schwedischen Zeiten (2. Hälfte des XVII. Jahrhunderts) bis zum Anfang des XIX. Jahrhunderts erfüllte sie die Rolle der Kirche der Szczeciner Garnison. Um die Wende des XIX. Und XX. Jahrhunderts wurde sie, dank Bemühungen des Historikers Hugo Lemcke, vor dem ihr drohenden Abbruch gerettet.

The St. John the Evangelist church, built in the 13th century, originally belonged to Franciscan monks, who came to Szczecin in 1240. Since the Swedish rule (a second half of 17th century) until the early 19th century it served as a city garrison church. At the turn of 19th and 20th centuries it was saved from being demolished thanks to efforts by a historian Hugo Lemcke.

L'Eglise de St Jean Evangéliste construite au XIVe siècle appartenait aux franciscains venus à Szczecin en 1240. Dès l'époque de la domination suédoise (2e moitié du XVIIe siècle) jusqu'au début du XIXe siècle, elle joua à Szczecin le rôle d'une église de garnison. En fin du XIXe et au début du XXe s., grâce aux efforts de l'historien Hugo Lemcke, l'église a été préservée de la démolition.

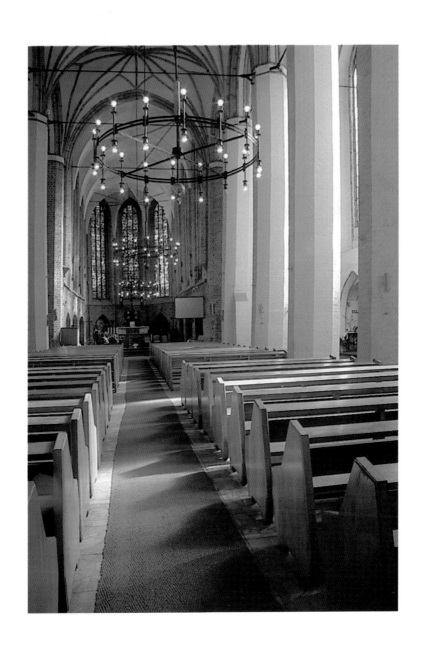

Dzieje Mostu Długiego sięgają 2 połowy XIII wieku (pierwsza wzmianka). Kilkakrotnie zmieniał swą nazwę i konstrukcję. U jego wylotu, na prawym brzegu Odry, stanął w 1907 roku nowy gmach Urzędu Ceł. Został on wybudowany na miejscu funkcjonującego tam wcześniej Domu Akcyzy i Licencji (Packhofu).

Die Geschichte der Langen Brücke reicht auf die 2. Hälfte des XIII. Jahrhunderts (die erste Erwähnung) zurück. Der Name und die Konstruktion der Brücke wurden mehrere Male geändert. An ihrem am rechten Oderufer gelegenen Endteil wurde 1907 das Gebäude des Zollamtes fertiggestellt. Es wurde an der Stelle des dort früher funktionierenden Akzisen- und Lizenzhauses (Packhof) errichtet.

The history of the Long Bridge dates back to late 13th century, when the first reference to it was made. It changed names and was rebuilt several times. A new Customs Office building was erected in 1907 at the head of the bridge on the Odra river right bank, replacing the building of Packhof where the excise duties were collected and licences issued.

L'histoire du Pont Long (Most Długi) date de la deuxième moitié du XIIIe siècle (la première citation). Plusieurs fois, son nom et sa construction changèrent. A la sortie du pont, sur la rive droite de l'Oder s'élève l'immeuble de l'Office de la Douane. Il remplace une construction ancienne de la Maison d'Accises et de Licence (*Packhof*).

Nowoczesna konstrukcja Trasy Zamkowej zastąpiła w 1987 r. zniszczony w czasie II wojny światowej Most Kłodny. Przekraczając teren Łasztowni mija ona ewangelicko-augsburski kościół św. Trójcy - zbudowany w 1897 roku według projektu szczecińskiego architekta Meyera. Kościół stanął na miejscu średniowiecznej świątyni szpitalnej pod wezwaniem św. Gertrudy.

Die moderne Konstruktion der Schloßstraße ersetzte im Jahre 1987 die während des II. Weltkrieges zerstörte Kłodny-Brücke. Sie verläuft an der evangelischen Dreifaltigkeitskirche, die 1897 nach dem Projekt des Szczeciner Architekten Meyer gebaut wurde. Die Kirche wurde an der Stelle der mittelalterlichen Gertrudkirche errichtet.

In 1987 a modern Castle Highway replaced the pre-war Timber Bridge (Most Kłodny), which was destroyed during the World War II. Passing over the Łasztownia island, it runs near the Evangelical Lutheran Trinity Church built in 1897 to the design by a local architect Meyer. The church was built at the site of medieval St.Gertrude's hospital temple.

La construction contemporaine du Pont de Château remplace en 1987, le Pont de Kłodny, détruit à la II guerre mondiale. En traversant le terrain de l'île de Łasztownia, les fils du pont passent à côté de l'Eglise Evangélique et d'Augsbourg de Ste Trinité, construite en 1897 selon le projet d'un architecte de Szczecin : Meyer. L'église fut édifiée à la place d'une église moyenâgeuse à l'hôpital de Ste Gertrude.

Widoczne na zdjęciu dźwigi i kadłuby statków to codzienny widok przy nabrzeżu Stoczni Szczecińskiej, gospdarującej dziś na terenach założonej w XIX wieku stoczni "Wulkan". Firma, która rozpoczynała od produkcji lokomotyw, stała się słynna z montażu zarówno luksusowych jednostek pasażerskich, jak i nowoczesnych okrętów wojennych.

Die auf dem Bild stehenden Kräne und Schiffskörper sind ein alltägliches Bild an der Kaianlage der Szczeciner Werft, die heute im Gebiet der im XIX. Jahrhundert gegründeten Werft unter den Namen "Vulkan" tätig ist. Die Firma, die mit der Herstellung von Lokomotiven anfing, wurde durch die Montage von sowohl Luxuspassagierschiffen als auch modernen Kriegsschiffen berühmt.

The cranes and the ship hulls shown in the photograph are an everyday sight of Szczecin Shipyard wharves. Today's yard occupies the same area, where "Vulkan", the yard founded in the 19th century, was located. It began from manufacture of locomotives, but became famous by building luxurious passenger liners and warships.

Les grues et les corps de bateaux visibles sur la photo sont une vue quotidienne aux quais du Chantier Naval de Szczecin qui déploie aujourd'hui son activité sur les terrains d'un ancien Chantier "Volcan" fondé au XIXe siècle. La Firme qui commença son activité par la construction des locomotives devint célèbre pour le montage des bateaux de passagers luxueux et des navires de guerre modernes.

Tradycje szczecińskiego szkolnictwa morskiego sięgają roku 1788. Wtedy to na Łasztowni powstała Szkoła Żeglugi. W 1823 roku została przemianowana na Królewską Szkołę Nawigacji. W 1847 roku uczelnia została przeniesiona do Grabowa - w pobliżu stoczni. Budynki dzisiejszej Wyższej Szkoły Morskiej to przedwojenna siedziba Krajowego Zakładu Ubezpieczeń i Naczelnej Dyrekcji Ceł.

Die Tradition des Szczeciner Seeschulwesens reicht auf das Jahr 1788 zurück. Damals enstand hier die Schule für Seeschiffahrt. Im Jahre 1823 wurde sie zur Königsschule für Navigation umbenannt. 1847 wurde die Schule nach Grabow in die Nähe der Werft verlegt. Das Gebäude der heutigen Seehochschule bildet der aus der Zeit vor dem II. Weltkrieg stammende Sitz der Inländischen Versicherungsanstalt und der Hauptzollverwaltung.

The traditions of Szczecin maritime academies date back to 1788, when the Navigation School was established on Łasztownia island. In 1823 it was renamed as a Royal Navigation School, and in 1847 was moved to a location in Grabowo near the shipyard. Before the World War II, the buildings nowadays occupied by Maritime Academy of Szczecin housed the insurance administration and the headquarters of customs office.

A Szczecin, les traditions de l'enseignement de la marine, datent du 1788. A cette époque, dans l'île de Łasztownia, fut fondée une Ecole de Navigation. En 1823, l'Ecole prit le nouveau nom de L'Ecole de Navigation Royale. En 1847, l'Ecole fut déplacée à Grabowo près du chantier. L'Ecole Supérieure de la Marine occupe aujourd'hui, l'ancien siège des Assurances Sociales et de la Direction de la Douane.

W 1899 roku podjęto decyzję o zabudowie terenu dawnego Fortu Leopolda. Efektem prac budowlanych jest zespół budynków Wałów Chrobrego. Używa się też jego dawnej niemieckiej nazwy - Tarasy Hakena (na cześć inicjatora ich budowy, burmistrza Szczecina Hermana Hakena). Dziś są tam siedziby Wyższej Szkoły Morskiej, Muzeum Morskiego i Urzędu Wojewódzkiego.

1899 wurde die Entscheidung über die Bebauung des Geländes des ehemaligen Leopoldsforts getroffen. Das Effekt der Bauarbeiten ist der Gebäudekomplex unter dem Namen "Chrobry-Terasse". Auch sein alter Name Hakenterasse (zu Ehren des Anregers seines Baus, des Bürgermeisters von Szczecin Herman Haken) wird immer noch benutzt. Hier befinden sich die Seehochschule, das Seemuseum und die Woiwodschaftsbehörde.

The decision about utilisation of the former Leopold Fort area was made in 1899, and the today's Chrobry's Banks buildings complex was constructed at the site. Its German name, Haken Terraces, is also used it was given to commemorate Herman Haken, the city mayor who initiated their construction. The buildings now house the Maritime Academy of Szczecin, Maritime Museum, and the Provincial Administration Office.

En 1899, fut prise une décision d'aménager le terrain de l'ancien fort de Léopold. En effet de travaux de construction, on peut admirer un grand nombre de bâtiments situés dans les remparts de Chrobry. On utilise aussi une appellation allemande d'autrefois : les Terrasses de Haken (en honneur de l'initiateur de la construction, du Maire de la ville de Szczecin, Herman Haken). Aujourd'hui, ce sont les sièges de l'Ecole Supérieure de la Marine, du Musée de la Mer et de la Préfecture.

Leżący w pobliżu Urzędu Wojewódzkiego Park Żeromskiego służył niegdyś innym celom. Na jego terenie znajdował się cmentarz gminy francusko-reformowalnej (Grabower Kirchhof). Pamiątką tych czasów jest skryty na skarpie, w okolicy ul. Kapitańskiej tzw. dom grabarza - pozostałość historycznej zabudowy obrzeży parku.

Der in der Nähe der Woiwodschaftsbehörde gelegene Żeromski-Park diente früher anderen Zwecken. In seinem Gebiet befand sich ein Friedhof der französichen reformierten Gemeinde (Grabower Kirchhof). Ein Andenken aus diesen Zeiten ist das auf dem Hügel versteckte, in der Nähe der Kapitańska Straße gelegene, so genannte Totengräberhaus eine Spur der historischen Bebauung am Rande der Parkanlage.

Today's Żeromski Park lying nearby the Provincial Administration building, served a different purpose once it used to be a French Reformed parish cemetery (Grabower Kirchhof). A remnant of those times is a "grave-digger house", hidden in an escarpment near ul. Kapitańska, which used to be a part of a ring of buildings surrounding the park.

Le Parc de Żeromski qui s'étend aux environs de la Préfecture servit autrefois à d'autres fins que celles de récréation. Sur le terrain du parc, se trouva un cimetière de la communauté française reforméc (Grabower-Kirchhof). Le vestige de cette époque est caché dans le talus rue, Kapitańska. C'est "la maison du fossoyeur" qui rappelle une construction ancienne en lisière du parc.

Budynek hotelu "Radisson" SAS jest częścią kompleksu budynków przy placu Rodła. Stanowi on jeden z elementów nowoczesnego centrum hotelowo-biurowego. Wieloskrzydłowa bryła budynku została wzniesiona w latach 1990-1992 przez austriacką firmę "ILBAU".

Das Gebäude des "Radisson" SAS-Hotels ist ein Teil des großen Gebäudekomplexes am Plac Rodła. Es ist eins von den Elementen des modernen Hotel- und Bürozentrums PAZIM. Der aus mehreren Flügeln bestehende Gebäudekörper wurde in den Jahren 1990-1992 durch die österreichische Firma "ILBAU" gebaut.

The "Radisson" hotel is a part of a modern hotel and office centre towering above Plac Rodła. This complex, multi-wing architectonic structure was raised in 1990-1992 by an Austrian company "ILBAU".

Le bâtiment de l'Hôtel "Radisson" SAS fait partie d'un ensemble des bâtiments situés Place, Rodła. Il constitue l'un des éléments modernes du Centre Commercial et de Bureaux. Le bâtiment en cube, de plusieurs ailes est édifié dans les années 1999-1992 par une entreprise autrichienne "ILBAU".

Na obrzeżach dawnego Fortu Wilhelma powstał (w drugiej połowie XIX w.) dzisiejszy Plac Grunwaldzki. Został on zaprojektowany przez miejskiego radcę budowlanego Jamesa Hobrechta. Dziś jest jedną z najbardziej uroczych części dziewiętnastowiecznego urbanistycznego układu Szczecina.

Am Rande des ehemaligen Wilhelmforts entstand in der 2. Hälfte des XIX. Jahrhunderts der heutige Plac Grunwaldzki. Er wurde von dem städtischen Rat für Bauwesen James Hobrecht gebaut. Heute ist er eins der schönsten Teile des aus dem XIX. Jahrhundert stammenden, städtebaulichen Systems Szczecins.

The today's Plac Grunwaldzki was established in the second half of the 19th century at the outskirts of former Wilhelm's Fort. The square was designed by a city architect, Councillor James Hobrecht. Today it is one of the most charming remnants of a 19th century Szczecin.

Aux abords de l'ancien Fort de Guillaume, dans la deuxième moitié du XIXe s., fut construite une place qui porte aujourd'hui le nom de Grunwaldzki. La conception vint du conseiller de construction municipal James Hobrecht. Aujourd'hui, c'est l'un des plus accueillants endroits dans les quartiers de Szczecin datant du XIXe s.

Teren Jasnych Błoni otwiera budynek dzisiejszego Urzędu Miasta i Filharmonii Szczecińskiej. Od momentu wybudowania go w roku 1927 stał się nową siedzibą urzędników Prowincji Pomorskiej. W związku z tą inwestycją przystąpiono w latach 1925-27 do tworzenia okazałego parku. Sąsiadujący z dzisiejszym ratuszem kompleks zieleni powstał na terenach zakupionych od kupca J. Quistorpa.

Das Gebiet von Jasne Błonia (ehem. Quistorp Park) öffnet das Gebäude der heutigen Stadtverwaltung und der Szczeciner Philharmonie. Seit dem Zeitpunkt seiner Fertigstellung im Jahre 1927 war es der neue Sitz von Beamten der Pommerschen Provinz. Im Zusammenhang mit dieser Investition wurde der Bau eines hervorragenden Parks in den Jahren 1925-1927 angefangen. Der an dem heutigen Rathaus gelegene Grünanlagenkomplex entstand im vom Kaufmann J. Quistorp erworbenen Gebiet.

The area of Fair Meadows (Jasne Błonia) opens behind the building of today's Town Hall and a concert hall, which was built in 1927 to become a residence of Pomeranian provincial administration. In connection with this venture an impressive park adjacent to the Town Hall rose in 1925-1927 on the grounds purchased from a merchant J.Quistorp.

Le Terrain de Jasne Błonia, forme aujourd'hui une ouverture pour le bâtiment de la Mairie de Szczecin et de la Philharmonie. Dès sa construction en 1927, il devint le siège des fonctionnaires de la Province de Poméranie. Vu cet investissement, la ville passa dans les années 1925-1927, à la création d'un énorme parc avoisinant. L'ensemble des terrains verts, vus derrière la Mairie fut créé sur les terres appartenants autrefois au commerçant J. Qusitrop.

Oba widoczne na fotografii pomniki stoją na Jasnych Błoniach. Z lewej strony odsłonięty w roku 1995 pomnik Papieża Jana Pawła II, autorstwa Andrzeja Dźwigały. Z prawej strony, w oddali - "Trzy Orły", postawiony w 1979 roku symboliczny Pomnik Czynu Polaków, autorstwa Gustawa Zemły.

Die beiden auf dem Foto dargestellten Denkmäler befinden sich im Gebiet von Jasne Błonia. Links - das 1995 aufgestellte Denkmal des Papstes Johann Paul II. von Andrzej Dźwigała. Rechts, etwas entfernt - "Drei Adler" - das symbolische Denkmal des Werks der Polen von Gustaw Zemła.

Both shown in the picture monuments are placed at Fair Meadows (Jasne Błonia). To the left is the unveiled in 1995 statue of Pope John Paul II by Andrzej Dźwigała. The other, in a distance, is the symbolic Monument of Achievement -"Three Eagles" made by Gustaw Zemła in 1979.

Les deux monuments visibles sur la photo s'élèvent sur le terrain de Jasne Błonia. A gauche, on voit le Monument de Jean Paul II, inauguré en 1995 et dont l'auteur est Andrzej Dźwigała. A droite, de loin, on voit "les Trois Aigles", le Monument de symbole de l'Acte des Polonais, érigé en 1979. Son auteur est Gustaw Zemła.

W latach 70-tych XIX wieku, wzdłuż dziesiejszej al. Wojska Polskiego, powstała luksusowa dzielnica willowa. Nosiła ona nazwę "Westend". Wznoszone tam w neogotyckiej lub neoromantycznej manierze domy stanowiły własność szczecińskich potentatów przemysłu i handlu. Zdjęcie prezentuje rezydencję zbudowaną w 1875 roku dla rentiera W. Flügge.

In den 70er Jahren des XIX. Jahrhunderts entstand ein Stadtviertel mit luxuriösen Villen. Es wurde als "Westend" bezeichnet. Die dort im neugotischen oder neuromantischen Stil gebauten Häuser gehörten zu den Größten des Szczeciner Handels und der Szczeciner Industrie. Auf dem Bild ist die im Jahre 1875 für den Rentier W. Flügge gebaute Residenz dargestellt.

An exclusive residential quarter, so-called "Westend", rose in 1870s along the today's al.Wojska Polskiego. The neo-Gothic or neo-Romantic mansions built there were owned by barons of local industry and trade. The photograph depicts a residence built in 1875 for a rentier W. Flügge.

Dans les années 70 du XIXe siècle, au long de l'allée de l'Armée Polonaise (Wojska Polskiego) actuelle, fut fondé un quartier de villas luxueux. Le quartier prit le nom de "Westend". Les maisons construites dans le style néogothique appartinrent à des potentats industriels et de commerce régionaux.
La photographie représente une résidences construite en 1875 pour le rentier W. Flügge.

Fragment ulicy Jagiellońskiej

Ein Fragment der Jagiellońska Straße

View at ul. Jagiellońska

Une vue de rue Jagiellońska

Widoczna na zdjęciu kaplica jest główną budowlą Cmentarza Centralnego. Zajmujący powierzchnię 154 ha cmentarz powstał w latach 1900-1925. Zamysłem Wilhelma Meyera-Schwartau (twórcy tego założenia) było wykorzystanie go w przyszłości w charakterze parku miejskiego. Miał on oferować zwiedzającym możliwość bezpośredniego kontaktu z rzadkimi gatunkami drzew i krzewów.

Die auf dem Foto dargestellte Kapelle ist das Hauptbauwerk auf dem Zentralfriedhof. Der die Fläche von 154 ha einnehmende Friedhof entstand in den Jahren 1900-1925. Die Absicht von Wilhelm Meyer-Schwartau (Initiator dieses Vorhabens) war es, den Friedhof künftig als Stadtpark auszunutzen. Er sollte Besuchern einen direkten Kontakt zu seltenen Baum- und Buscharten gewährleisten.

The chapel in a photograph is a main building of the Central Cemetery. The 380 acres cemetery was established in 1900-1925. The intention of its creator, Wilhelm Meyer-Schwartau, was to make it a city park in the future. The cemetery would offer the visitors the unique surroundings with many rare specimens of trees and shrubs.

La Chapelle que nous pouvons voir sur la photographie est un édifice principal du Cimetière Central. Celui-ci occupe la superficie de 154 ha et fut fondé dans les années 1900-1925. Selon l'idée du Guillaume Meyer-Schwartau (créateur de la conception), à l'avenir, le cimetière aurait dû servir d'un parc communal où les promeneurs auraient admiré des genres de buissons et d'arbres très rares.

Jezioro Dąbie składa się z dwóch połączonych ze sobą części (Małego i Dużego Dąbia). Jest czwartym pod względem wielkości jeziorem Polski. Z jego brzegu można oglądać oddalony szczyt wieży neogotyckiego kościoła w Dąbiu (dzielnicy Szczecina). Innym świadectwem historycznej przeszłości Dąbia, dawniej samodzielnego miasta, jest książęcy dworek myśliwski z XVI wieku.

Der Dąbie-See besteht aus zwei miteinander verbundenen Teilen (Großer und Kleiner Dąbie-See). Er ist der viertgrößte See in Polen. Vom Seeufer aus kann man die entfernte Spitze des Turms der neugotischen Kirche in Dąbie - einem Stadtviertel Szczecins sehen. Ein anderes Zeugnis für die historische Vergangenheit von Dąbie, das früher eine selbständige Stadt war, ist das Fürstenjagdhaus aus dem XVI. Jahrhundert.

Dąbie Lake consists of two connected parts Little Dąbie and Big Dąbie. It is a fourth largest lake in Poland. From the lakeside one may see the top of the tower of a neo-Gothic church standing in a nearby Dąbie district. Another sight reminiscent of Dąbie past, formerly an independent city, is the dukes' hunter mansion of the 16th century.

Le lac Dąbie se compose de deux parties en connexion (Petit et Grand Dąbie - Małe i Duże Dąbie). C'est un quatrième lac en Pologne selon la superficie occupée. De ses bords on peut admirer le sommet de la tour d'une église néogothique située à Dąbie, la banlieue de même nom, de la ville de Szczecin. Un autre témoignage du passé historique de Dąbie, d'une ville indépendante autrefois, est la Maison de Chasse de Princes, datant du XVIe siècle.

Nowoczesna zabudwa mieszkaniowa przy ulicy Iwaszkiewicza

Die moderne Wohnbebaung in der Iwaszkiewicza Straße

Modern apartments buildings at ul. Iwaszkiewicza

Voici une nouvelle construction d'habitation rue, Iwaszkiewicza

Jezioro Szmaragdowe, położone w Parku Leśnym Zdroje, zwane jest Lazurowym. Powstało 16.VII.1925 roku, w wyniku nagłego zalania wyrobiska odkrywkowej kopalni kredy przez wody podziemne. To zawarty w kredzie węglan wapnia nadał wodzie niezwykłe zabarwienie. Jezioro można podziwiać z mostku dawnej kolejki kopalnianej.

Der in dem Waldpark Zdroje gelegene Szmaragdowe-See (Herta-See) wird auch als Azurblauer See bezeichnet. Er entstand am 16.08.1925 infolge einer plötzlichen Überflutung eines Grubenbaues der Kreidegrube durch das Grundwasser. Ausgerechnet das in der Kreide befindliche Calciumcarbonat verursacht die außergewöhnliche Farbe des Wassers. Man kann den See von einer Brücke der alten Grubenbahn aus bewundern.

The Emerald Lake located in Zdroje Forest Park is also called "the Azure Lake". On July 16, 1925, underground waters flooded an open chalk pit, forming the lake. The unique colour of its waters is caused by calcium carbonate a constituent of chalk. The lake may be admired from a bridge of former railway serving the mine.

Situé dans un Bois de Zdroje, Le Lac d'Emeraude (Jezioro Szmaragdowe) est aussi appelé Le Lac d'Azur. Il se forma le 16.VII.1925 suite à une inondation par des eaux souterraines de l'ancienne carrière de craie. Du carbonate de calcium inclus dans la craie, donne à l'eau du Lac une couleur exceptionnelle. On peut admirer le Lac du pont que traversait autrefois le train d'excavation.

Płynąc na południe jednym ze statków białej floty docieramy do terenów Międzyodrza. Jest to zespół ponad 50 wysp poprzecinanych licznymi odnogami i ramionami Odry, kanałami i przekopami. Teren ten jest dziś ogromnym siedliskiem różnego rodzaju ptactwa wodnego.

Wenn man nach Süden mit einem der Schiffe der Weißen Flotte fährt, kommt man zu dem Gebiet von Międzyodrze. Es ist eine Gruppe von über 50 Inseln, die mit zahlreichen Oderarmen, Kanälen und Einschnitten durchgeschnitten ist. Das Gebiet ist heute der Lebensraum verschiedener Arten von Wasservögeln.

Sailing south on one of the "White Fleet" ships we reach Międzyodrze an area of over fifty islands divided by canals and numerous arms of Odra river. This area is now a huge habitat of many bird species.

En faisant la croisière sur l'un des bateaux de la flottille d'agrément, vers le nord, on peut arriver sur les terrains de Międzyodrze. C'est un ensemble de plus de cinquante îles traversées par de nombreux affluants et bras de l'Oder, par des canaux et des creux. Ce terrain est aujourd'hui l'asile pour des populations d'oiseaux aquatiques.

Publisher's